Esta é a minha Mãe

That's My Mum

Henriette Barkow & Derek Brazell

O meu nome é Mia e esta é a minha Mãe.

My name is Mia and this is my mum.

O meu melhor amigo chama-se Kai e aquela é a sua Mãe.

My best friend is Kai and that's his mum.

Quando vou ao parque com a minha Mãe costumam perguntar-me, "É a tua ama?"

When I go to the park with my mum I'm asked, "Is that your childminder?"

E eu digo,
"Não! É a minha Mãe!"

And I say,
"No! That's my mum!"

Quando o Kai vai nadar com a sua Mãe costumam perguntar-lhe, "É a tua babysitter?"

When Kai goes swimming with his mum he's asked, "Is that your babysitter?"

E ele diz,
"Não! É a minha Mãe!"

And he says,
"No! That's my mum!"

Quando fomos todos juntos ao parque todos pensaram que a *minha* Mãe era a Mãe do Kai!

When we all went to the playground they thought that *my* mum was Kai's mum!

E pensaram que a Mãe do Kai era a *minha* Mãe!
É tudo tão confuso.

And they thought that Kai's mum was *my* mum!
It's all so confusing.

Quando vou às compras com o meu Pai, todos pensam que ele é o meu Pai. "Gostaria disto para a sua filha?"

When I go shopping with my dad, they all think that he's my dad. "Would you like this for your daughter?"

E quando o Kai vai às compras com o seu Pai, todos pensam que é o seu Pai. "O seu filho gostaria de experimentá-los?"

And when Kai goes shopping with his dad,
they think that's his dad.
"Would your son like to try them on?"

Sabes o que aconteceu
quando comecei a escola?

Do you know what happened
when I started school?

Perguntaram-me, "Quem é?
Essa não pode ser a tua Mãe!"

They asked me, "Who is that?
That can't be your mum!"

"Tu não podes ter uma Mãe branca!
Isso não é possivel!"

"You can't have a white mum!
That's not possible!"

Fiquei tão aborrecida que
chorei e chorei.

I was so upset that I
cried and cried.

Agora sabes porque estou farta.
As pessoas pensam que a minha
Mãe não é a minha Mãe.

Now you know why I'm fed up.
People think my mum isn't my mum.

O Kai também está farto.
Pensam que a sua Mãe não é a Mãe dele.

Kai is fed up too.
They think that his mum isn't his mum.

Então, sentamo-nos e pensamos e pensamos.
O que podíamos fazer?

So we got together and thought and thought.
What could we do?

"Eu sei," disse eu, "poderíamos usar máscaras."
O Kai abanou a cabeça.

"I know," I said, "we could wear masks."
Kai shook his head.

"Ou pintar as nossas caras," disse o Kai.
Eu ri-me.

"Or paint our faces," said Kai.
I laughed.

"Eu sei," disse eu. "Podias apanhar banhos de sol.
Assim ficarias mais parecido com a tua Mãe."

"I know," I said. "You could sun bathe.
Then you'd be more like your mum."

"E tu podias ficar à sombra," disse o Kai.
"Assim ficarias pálida como a tua Mãe."

"And you could stay in the shade," said Kai.
"Then you'd be pale like your mum."

Ora isto é estúpido!
Porque haveríamos nós de mudar?
Não queremos mudar!
Gostamos do que somos.

Well that's stupid!
Why should we change?
We don't want to change!
We like the way we are.

Pensámos ainda mais. Tivemos uma ideia melhor.
Arranjámos canetas e papel. Cola e tesouras também.

We thought even harder. We had a better idea.
We got some paper and pens. Some glue and scissors.

Escrevemos e desenhámos.
Cortámos e colámos.

We wrote and drew.
We cut and glued.

E adivinhem só, da próxima vez que saímos com as nossas Mães ninguém perguntou,
"Esta é a tua ..."

And guess what, next time we went out with our mums nobody asked,
"Is that your ..."

To my daughter Mia, who inspired me to write her story
H.B.

To all my excellent models;
and for Dylan, Rufus and Benjamin, with love
D.B.

First published 2001 by Mantra Lingua Ltd
Global House, 303 Ballards Lane, London N12 8NP
www. mantralingua.com

Text copyright © 2001 Henriette Barkow
Illustrations copyright © 2001 Derek Brazell
Dual language text copyright © 2001 Mantra Lingua
Audio copyright © 2012 Mantra Lingua

This sound enabled edition published 2012